Network Marketing Survival 3.0

Die dritte Phase des Network Marketing´s Heißestem Buches

Allgemeine Geschäftsbedingungen

RECHTLICHER HINWEIS

Der Herausgeber hat sich bei der Erstellung dieses Berichts bemüht, so genau und vollständig wie möglich zu sein, ungeachtet der Tatsache, dass er zu keinem Zeitpunkt garantiert oder garantiert, dass die darin enthaltenen Inhalte aufgrund der sich schnell verändernden Natur des Internets korrekt sind.

Obwohl alle Versuche unternommen wurden, die in dieser Publikation enthaltenen Informationen zu überprüfen, übernimmt der Herausgeber keine Verantwortung für Fehler, Auslassungen oder gegenteilige Interpretationen des Inhalts. Alle wahrgenommenen Slights bestimmter Personen, Völker oder Organisationen sind unbeabsichtigt.

In praktischen Ratgebern gibt es, wie bei allem anderen im Leben, keine Garantien für das erzielte Einkommen. Die Leser werden darauf hingewiesen, nach eigenem Ermessen über ihre individuellen Umstände zu antworten und entsprechend zu handeln.

Dieses Buch ist nicht für die Verwendung als Quelle für Rechts-, Geschäfts-, Buchhaltungs- oder Finanzberatung bestimmt. Allen Lesern wird empfohlen, sich von kompetenten Fachleuten aus den Bereichen Recht, Wirtschaft, Buchhaltung und Finanzen beraten zu lassen.

Wir empfehlen Ihnen, dieses Buch zum besseren Verständnis zu drucken.

Inhaltsverzeichnis

Einführung

Network-Marketing ist nicht die gleiche alte Routine, die es in der Generation der Baby-Boomer war. Einige Dinge haben sich geändert. Dinge wie Tür-zu-Tür-Rufe, Kaltakquise usw. sind einfach passé. Heute ist Network Marketing auf eine sehr große Art und Weise online gegangen.

Hier, in diesem eBook, werden wir sehen, wie die Menschen das Network Marketing vorangetrieben haben und was Sie tun können, um sein volles Potenzial auszuschöpfen.

Kapitel 1:

Eine Einführung

Zusammenfassung

Network-Marketing ist nicht mehr das, was es einmal war. Die Zeiten haben sich geändert und auch dieses Konzept. In diesem Kapitel beginnen wir zu verstehen, wie Network Marketing in der heutigen Zeit platziert wird.

Eine Einführung

Was sich auch immer mit der Network-Marketing-Welt verändert hat, eines bleibt ziemlich konstant. Dieser Bereich ist genauso wettbewerbsfähig wie eh und je. Und das ist der Grund, warum man verbesserte Strategien einsetzen muss, wenn man im Rennen vorne mitfahren muss. Die Menschen sind weise geworden für all die neuen Tricks und es ist an der Zeit, dass wir etwas Neues in unsere Methoden einbringen.

Network Marketing funktioniert immer noch mit der Dschungelmentalität. Die Löwen fressen die Hasen. Das ist eine Sache, die sich nicht geändert hat.

Network Marketing hat einen langen, langen Weg aus den fünfziger Jahren zurückgelegt, als es erstmals als Geschäftsmodell eingeführt wurde. Es gibt jedoch einige Dinge, die sich noch nicht viel verändert haben.
Es ist immer noch sehr wichtig, den Menschen in Ihrem Team einen guten Wert zu geben.
Es wird immer noch beobachtet, dass Menschen an der Spitze (Uplines) den Menschen an der Unterseite (Downlines) helfen. Auch die Seitenlinien helfen sich gegenseitig.
Management ist nach wie vor von zentraler Bedeutung.
Es ist äußerst wichtig, einen eigenen Ruf und Ruf zu haben, wenn man in diese Welt vordringen will.

Natürlich sind diese Punkte von zeitloser Bedeutung. Die grundlegende Essenz des Network-Marketings folgt auch im 21. Jahrhundert, aber die Methoden, mit denen diese geplant sind, haben sich grundlegend verändert. Die Methoden der Chancenfindung, die Methoden der Menschensuche und die Methoden, dem Wettbewerb einen Schritt voraus zu sein, haben sich deutlich verändert.

Hier erfahren Sie, wie Sie diese neuen Tendenzen nutzen können, um das Beste aus Ihren Network-Marketing-Aktivitäten zu machen. Du kannst lernen, welche Methoden funktionieren und welche nicht.

Gleichzeitig muss es, gleich hier am Anfang, dass das bloße Lesen dieses eBooks Sie nicht zum nächsten Network Marketing Guru machen wird. Sie müssen die hierin beschriebenen Methoden anwenden und unsere Vorschläge nutzen, wenn Sie das Geschäft für sich arbeiten lassen müssen.

Kapitel 2:

Network Marketing im 21. Jahrhundert

Zusammenfassung

Also, wie unterschiedlich ist Network Marketing wirklich geworden? Network Marketing im 21. Jahrhundert

Du musst zuerst einige wichtige Unterschiede kennen.

Vertrieb vs. Marketing

Die Aussichten sind vorsichtiger geworden als je zuvor. Es gibt so viele Möglichkeiten da draußen, dass es für sie schwierig ist, zu entscheiden, was sie nehmen sollen, wenn überhaupt. Selbst wenn jemand über ein Network-Marketing-Geschäft nachdenkt, konnten Sie nicht immer hoffen, sie in Richtung Ihrer Seite zu schwenken, weil es so viele Möglichkeiten gibt, die sich ihnen eröffnen.

Jedoch bleibt Netzmarketing noch lukrativ und das ist ein großer Anziehungspunkt für Sie, um Leute zu Ihrem Geschäft zu bringen. Die zu erwartenden Ergebnisse können in finanzieller Hinsicht so enorm sein, dass sie die meisten Unternehmen in Verruf bringen könnten.

Der Schwerpunkt von "Marketing" im "Network-Marketing" ist noch recht tief. Trotz allem, was Sie darüber gehört haben, dass Networking hier das Wichtigste ist, müssen Sie wissen, dass Sie schließlich "Marketing" sind. Dies ist eine wichtige Sache, die du berücksichtigen solltest. Tatsächlich, wenn Sie Ihre Aussichten erhalten, stellen Sie sicher, dass Sie Leute bekommen, die wissen, wie man vermarktet. Networking ist gut genug, aber was nützt es, wenn Sie Ihre oktogenetische Großmutter in Ihr Netzwerk holen können, die nichts für Sie vermarkten kann?

Die Tage des Pumpennetzes mit Menschen, die nicht vermarkten können - Familie und Freunde lesen - sollten längst vorbei sein. Heutige Netzwerkmarketingunternehmen wissen, dass es äußerst wichtig ist, Mitarbeiter im Team zu haben, die die für den Verkauf wichtigen Aufgaben übernehmen können.

Obwohl diese Prämisse etwas anders ist, ist Network Marketing mit Sicherheit ein Verkaufskonzept. Man muss Dinge für Geld verkaufen, nicht nur teilen.

Im 21. Jahrhundert ist der Unterschied zwischen Teilen und Verkaufen viel tiefer geworden, vor allem im Internet. Wenn du etwas ohne finanzielle Gewinne empfiehlst, z.B. wenn du jemandem erzählst, dass es einen wirklich tollen Film in der Stadt gibt, den er fangen muss, verkaufst du nicht. Verkaufen ist das, was im Network Marketing wichtig ist - Sie tun dies mit monetären Gewinnen, die für Sie selbst wichtig sind.

Kapitel 3:

Die Google-Revolution

Zusammenfassung

Googling könnte durchaus ein Oxford-Eintrag werden. Es geht nicht um den "Willen", sondern um den "Zeitpunkt".

Die Google-Revolution

Wie bei allem anderen hat die Google-Revolution auch die Network-Marketing-Welt erfasst. Ein sehr kleiner Hinweis kann erhalten werden, indem man einfach zu Google geht und "Network Marketing" eingibt. Mit 123.000.000.000 Ergebnissen steht außer Frage, wie beliebt dieser Suchbegriff ist, und Google wird nie hinterherhinken, um sich an etwas zu binden, das so sehr gefragt ist.

Aber warum ist Google für Sie wichtig? Es ist so einfach, weil Google jetzt alle anderen Suchmaschinen in der Popularität überholt hat. Es ist fast zu einem Standard im Internet geworden, etwas bei Google zu suchen. Wenn du etwas nicht weißt oder etwas herausfinden willst, sagt niemand mehr: "Ich werde im Internet suchen." Stattdessen sagen sie: "Ich werde es googlen."

Folglich wenn Sie auf Google ordnen, wenn Sie jene in hohem Grade begehrten ersten Seite Klassifizierungen erhalten, haben Sie es gebildet. Jetzt ist Google SEO ein ganz neues Konzept an sich. Aber denk an diese wenigen Dinge:-
1. Google ordnet Websites nach ihrem Inhalt ein. So bleibt der Inhalt König. Dieser Inhalt ist jedoch nutzlos, wenn er nicht die richtige Art von Inhalten enthält.
2. Außerdem liebt es Google einfach, wenn Sie Ihre Inhalte regelmäßig aktualisieren. Deshalb sind Blogs Top-Themen.
3. Eingehende Links sind nur etwas anderes, wenn Sie es mit Google zu tun haben. Erhalten Sie so viele Links wie möglich live im Internet - durch Artikel, Blogs, Forenbeiträge, Kommentare von Social-Networking-Seiten, etc. Je mehr Besucher Ihre Website besuchen, desto besser wird der Rang der Website sein.

Heute ist die Arbeit mit Google wie ein Kreis geworden. Sie fördern sich zuerst auf Google, erhalten das erste Rieseln der Besucher, und wenn Google sieht, dass Leute Ihre Website besuchen, werden sie Ihre Website besser einordnen, was dazu beitragen wird, mehr Besucher anzuziehen. Es ist eigentlich einfach, den ersten Rang bei Google zu erreichen, wenn Sie alle Google-freundlichen Methoden befolgen. Machen Sie sich so schnell wie möglich auf den Weg.

Vergessen Sie dabei nicht den Wert von Google in der Forschung. Sie könnten dieses Tool signifikant nutzen, um herauszufinden, was Ihre Wettbewerber wirklich vorhaben, und Sie könnten Ihre Strategien ebenfalls verbessern.

Kapitel 4:

Die richtige Gelegenheit finden

Zusammenfassung

Was auch immer du hoffst, was auch immer du über die ganze Sache nachgedacht haben musst, wie selbstbewusst du auch immer über dich selbst sein magst, all das könnte mit nur einem falschen ersten Zug zerschlagen werden.

Die richtige Gelegenheit finden

Stellen Sie sich diese Frage mehrmals, bevor Sie in das Network-Marketing-Venture einsteigen, das Sie schließlich wählen werden -
"Warum gehe ich ins Network Marketing?"

Es sei denn und bis diese noch kleine Stimme in dir sagt, dass du dich darauf einlässt, um Geld zu verdienen, wirst du keinen guten Start bekommen.

Denke darüber nach. Ihr Network-Marketing-Venture ist etwas Besonderes, weil Sie in diesem Bereich aus dem reinen und alleinigen Grund Geld zu verdienen sind. Mache dies zu deiner größten Absicht. Im 21. Jahrhundert, mit der hohen Wettbewerbsfähigkeit rundum, ist dieser Punkt pointierter denn je geworden.

Hier ist die Denkweise, die du einbringen musst, damit du sicher sein kannst, dass du mit der richtigen Gelegenheit für dich selbst landest.

Du bist ein Geschäftsmann

Welchen Namen auch immer Ihr Unternehmen für Sie verwenden mag - Distributor, Sponsor, MLM-Leiter - was Sie wirklich wissen müssen, ist, dass Sie ein Geschäftsmann, ein Unternehmer sind. Dieses konnte ein Kleinbetrieb für jetzt sein, aber es hat das Potenzial, so viel voranzugehen, wie Sie träumen können.

Also, was ist die Position der Network-Marketing-Unternehmen, mit denen Sie zusammenarbeiten? Nein, es ist nicht dein Boss, wie du vielleicht denkst. Es ist Ihr Geschäftspartner.

Das ist es, was du im Hinterkopf behalten musst. Sie arbeiten mit diesem Unternehmen zusammen, um Ihre Gewinne zu erzielen. Das Unternehmen braucht Sie mehr als Sie es brauchen. Zumindest in der Anfangsphase.

Das richtige Unternehmen finden

Um sicherzustellen, dass Sie die richtige Network-Marketing-Unternehmen zu erhalten, mit denen Sie zusammenarbeiten, sind dies die wichtigen Dinge, die Sie benötigen, um zu überprüfen:-

-Was ist ihr Ruf? Haben sie eine großartige Erfolgsbilanz? Sind sie dauerhaft? Es ist eine sehr gute Idee, ihre Geschichte zu überprüfen. Wenn es sich um ein Traditionsunternehmen handelt, könnte man sich fast darauf verlassen.

-Sind sie dynamisch? Sie brauchen ein Unternehmen, das die Planung und Umsetzung neuer Ideen nicht scheut. Denken Sie daran, dass sich die Dinge im 21. Jahrhundert schnell - eigentlich zu schnell - bewegen und Unternehmen, die im Schlamm stecken bleiben, nicht viel tun werden.

-Schau dir ihre Sicht an. Was wollen sie im nächsten Jahr erreichen? In den nächsten fünf Jahren? Können Sie sich vorstellen, mit dem Unternehmen zu wachsen?

-Was ist ihr Produkt? Vieles von Ihrem Urteilsvermögen sollte davon abhängen, welches Produkt sie verkaufen. In der Tat, wenn das Produkt gut und gefragt ist, haben Sie einen besseren Spielraum für die Entwicklung mit dem Unternehmen.

Kapitel 5:

Das richtige Team finden

Zusammenfassung

Meistens bist du dein eigener Feind. Du stehst im Weg, dich selbst reich zu machen. Du musst dich bis zu einem gewissen Grad besiegen, um diesen Reichtum zu erhalten.

Das richtige Team finden

Wenn Sie mitmachen, ist das Team, das Sie betrifft, Ihre Upline. Das sind die Menschen, die bereits anwesend sind. Es ist wichtig, dass deine Upline dich unterstützt. Sie müssen dich durchleiten und dann wie moralische Unterstützung für dich bleiben. Eine gute Upline ist von entscheidender Bedeutung, um Ihnen zu helfen, Ihre eigenen Aktivitäten auszubauen.

Eines der Dinge, die Sie benötigen, um in Ihrer Upline zu überprüfen, ist, ob sie neue Ideen unterstützen. Dies kann tatsächlich von Ihnen in der Anfangsphase selbst überprüft werden, wenn sie Sie suchen. Zuerst verstehen, was sie sagen, und dann sagen Sie ihnen von einem Vorschlag oder einer Idee, die Sie haben. Hier werden Sie verstehen, wie dynamisch sie sind. Sobald Sie ihre Antwort haben, werden Sie wissen, ob dies gute Leute in Ihrem Team sein werden oder nicht.

Abgesehen davon, hier sind einige Dinge, die Sie haben, um zu fühlen, bevor Sie sich einem Network-Marketing-Team.

Unterstützung

Es ist ultra-vital, dass ihre Unterstützung schnell erfolgen sollte. Wenn nicht, verlieren Sie vielleicht einfach Ihren Lernprozess und kommen überhaupt nicht voran. Support ist nicht nur innerhalb Ihrer Upline wichtig; er ist auch innerhalb Ihrer Downline äußerst wichtig. Wenn Ihre Downline keine gute Unterstützung bietet, könnte es ein Abschreckungsmittel sein, um neue Leute ins Team zu holen. Nur wenn Ihr Team als Ganzes in der Lage ist, kompetente Unterstützung zu leisten, werden andere Menschen keine Bedenken haben, sich ihm anzuschließen.

Extrovertiert sein

Vermeiden Sie so weit wie möglich enge Gruppen. Solche Menschen haben einen erhöhten Eindruck von sich selbst, aber es könnte sehr regressiv sein, mit ihnen zusammen zu sein. Der Grund dafür ist, dass sich solche Gruppen in Klausur begeben und keine Fortschritte machen. Sie bleiben in ihren Netzwerken eingesperrt, was wiederum das gesamte Konzept des Network-Marketings ist. Wenn Sie sich für Network Marketing interessieren, ist es wichtig, dass Sie andere Menschen ansprechen.

Kapitel 6:

Verständnis der Vergütungspläne

Zusammenfassung

Das echte Geld ist das Verständnis der Vergütungspläne.

Verständnis der Vergütungspläne

Eine der wichtigsten Sachen, damit Sie tun, bevor Sie mit einem bestimmten Netzmarketing-Venture fortfahren, ist, herauszufinden, welche Art des Ausgleichsplans sie haben. Es gibt mehrere Vergütungspläne. Einige dieser Pläne sind ziemlich einfach, aber es gibt auch komplizierte Pläne, die von Ihrer Seite etwas Verständnis erfordern könnten.

Es ist absolut wichtig, dass Sie Ihren Vergütungsplan in seiner Gesamtheit verstehen, denn das ist es, was die meisten Menschen verwenden werden, wenn sie entscheiden müssen, ob sie Ihrer Downline beitreten wollen oder nicht. Sie werden Ihren Vergütungsplan vielen Menschen erklären müssen. Sie werden dir viele Fragen stellen. Wenn Sie nicht in der Lage sind, sie zu beantworten, werden sie nicht so zuversichtlich sein, sich Ihrem Unternehmen anzuschließen.

Gleichzeitig müssen Sie den Vergütungsplan für sich selbst verstehen. Wenn du es nicht tust, wirst du vielleicht nicht erkennen, was du verpasst. Sie konnten gerade kleine Summen vermissen, aber diese konnten zu etwas sehr großem betragen, wenn Sie an das langfristige denken.

Ein- und mehrstufige Vergütungspläne

Dies sind die ersten beiden, die du kennenlernen musst.

Einzelvergütungspläne - Die meisten Unternehmen der Welt arbeiten nach dieser Prämisse. Sie kaufen etwas von einem Verkäufer und zahlen dem Verkäufer den Preis dafür. Nun, der Verkäufer könnte ein Partner oder ein Verkäufer sein. Der Preis, den Sie dem Verkäufer für das Produkt zahlen, ist also eine Provision. In diesem Modell gibt es nur eine Ebene - den Verkäufer. Es handelt sich also um einen einzigen Vergütungsplan. Dieses Modell kommt dem Verkäufer nicht sehr zugute; es ist der Hersteller, der den Großteil der Zahlung, die Sie leisten, behält.

Mehrstufige Vergütungspläne - Hier finden Sie mehrere Ebenen von Vermarktern, von denen jeder versucht, ein Produkt zu verkaufen. Hier wird das Unternehmen, das den Artikel herstellt, schließlich den Preis des Artikels erhalten, aber es wird eine Menge Reduzierung dessen geben, was der Verbraucher tatsächlich bezahlt. Der Grund dafür ist, dass es eine Menge Provisionen geben wird, die an die Leute im Netzwerk ausgezahlt werden, die den Artikel verkauft haben.

Jedes Unternehmen hat seine eigenen Regeln, wie viele Upline-Mitglieder ihre Provisionen für einen bestimmten Verkauf verdienen müssen.

Nun, das sind die Punkte, die Sie beachten müssen, wenn Sie sich die Vergütungspläne Ihrer Network-Marketing-Gelegenheit ansehen.

1. Schauen Sie sich um. Einige Möglichkeiten zahlen mehr als andere. Nimm nicht die erste Gelegenheit wahr, die sich dir bietet.

2. Mehrstufige Pläne sind besser als Einzelvergütungspläne, da die Provisionen von den Sponsoren einen besseren Schneeballeffekt haben können.

3. Es gibt zwei Arten von Szenarien hier - Einige Pläne zahlen mehr Provision an Menschen sofort in ihrer Downline und die Mitglieder in der Downline der Downline erhalten weniger Provision. Das zweite Szenario ist, wenn einige Pläne mehr an Menschen zahlen, die ihre Netzwerke aufbauen, in denen das gesamte Netzwerk einen Gewinn erzielt. Stellen Sie sicher, dass Sie sehen, welches Szenario auf Ihre Network Marketing Opportunity zutrifft.

Darüber hinaus gibt es mehrere Arten von Network-Marketing-Plänen innerhalb des mehrstufigen Rahmens.

Unilevel-Pläne

Diese haben die höchste Provision für die erste Stufe und die Provision wird für jede weitere Stufe drastisch reduziert. Der Plan hat jedoch keine Einschränkung, wie viele Personen innerhalb der ersten Stufe Provisionen verdienen. Dieser Plan lässt sich am besten beschreiben durch - unbegrenzte Breite, begrenzte Tiefe.

Treppenstufenpläne

Es gibt hier ein Rankingsystem, und die Stufe, die den besten Rang erhält, erhält die besten Provisionen. Die Rangliste gilt nur für die Mitglieder der ersten Stufe. Auch die anderen Mitglieder erhalten ihre Provisionen, sind aber deutlich niedriger.

Binäre Pläne

Diese Pläne sind recht einfach und unkompliziert. Jedes Mitglied soll nur zwei weitere Mitglieder haben.

Außerdem gibt es einen komplizierten Kompensationsplan für das Networkmarketing, der als australisches Two-up bekannt ist und den einige Unternehmen heutzutage nutzen.

Kapitel 7:

Methoden der Prospektion

Zusammenfassung

Menschen dazu bringen, sich Ihrem Team anzuschließen - wie geht das?

Methoden der Prospektion

Die Methoden der Prospektion haben sich in letzter Zeit definitiv grundlegend verändert. Nachfolgend sind einige der Trends aufgeführt, die ausgeblieben sind.

Kaltanruf

Mit der großen Anzahl der derzeit verfügbaren hochwirksamen Methoden ruft niemand mehr Kälte an. Es gibt keinen Grund, warum jemand einen völlig Fremden anrufen sollte, wenn es sehr wohl möglich ist, gezielte Menschen als Interessenten zu gewinnen. Gleichzeitig verstehen Marketingspezialisten selbst, dass sie nicht gerne Anrufe über Verkaufsmethoden erhalten und die Leute haben eine Art völlige Apathie zu allem entwickelt, was über das Telefon verkauft wird, selbst wenn das Unternehmen sonst einen guten Ruf hat.

Einladungen

Gleiches gilt für die Einladung zu Workshops und Seminaren. Sie funktionieren nicht. Die Leute haben nicht die Zeit, einen Ort zu besuchen, nur um herauszufinden, was dort passiert. Auch nach einer guten Beteiligung ist die Konversionsrate abgrundtief.

Was verwenden die Menschen heute also? Heutzutage gehen die Menschen auf zwei wesentliche Dinge ein. Dies sind Kleinanzeigen und Google AdWords.

Klassifizierte Werbung

Direktwerbung, oder besser gesagt Direct Response Advertising, ist die beste Form der Werbung, die es gibt. Bei einer solchen Werbetechnik wird eine direkte Antwort auf einen Werbeeindruck erbeten. Dies kann eine E-Mail oder eine SMS sein. Wenn Menschen auf diese Modi antworten, eröffnen sie einen Kommunikationsweg mit dem Werbetreibenden.

Der hier gewählte allgemeine Weg ist: -
Ad Impression - Direkte Antwort - Lead Capture - Aufbau der Beziehung - Pitching des richtigen Angebots - Nachbereitung oder Abschluss des Verkaufs.

Aber auch hier ist die Konversionsrate niedrig, da man diese Werbung möglicherweise an viele Leute schicken muss, um eine Handvoll Antworten zu erhalten.

Google AdWords

Dies ist eine der beliebtesten Methoden der Prospektion, die von Network-Marketing-Bewohnern heutzutage verwendet wird. Die Wirkung ist beträchtlich, weil Sie auf diese Weise Ihre Zielgruppe direkt erreichen können.

Kapitel 8:

Was es braucht, um ein Anführer zu sein.

Zusammenfassung

Dein Netzwerk blickt mit Hoffnung auf dich. Du bist ihr Anführer.

Was es braucht, um ein Anführer zu sein.

Sie müssen Ihre Persönlichkeit schärfen, um eine Führungsrolle zu übernehmen, wenn Sie in der Network-Marketing-Welt überleben wollen. Wenn du nicht der Erste im Rennen bist, werden sich die Leute überhaupt nicht an dich erinnern, denn niemand redet über die auch-rans.

Das ist der Grund, warum Sie Ihre Netzwerkmarketingstrategien mit ein wenig Vorsicht angehen müssen. Wenn Sie nicht als Führungskraft auftreten, laufen Sie Gefahr, nicht mehr als ein einfacher Verkäufer von Waren zu sein.

Eine der besten Möglichkeiten, als Führungskraft zu wirken, ist es, genau dort anzusetzen, wo es nötig ist. Menschen, die verkaufen, sprechen in der Regel über ihre Produkte, ihre Eigenschaften, etc. Aber das ist definitiv der falsche Ansatz. Anstatt über das Produkt zu sprechen, müssen Sie darüber sprechen, wie das Produkt die Anforderungen des Benutzers erfüllen kann.

Das ist ein tolles Zitat in dieser Hinsicht:

-Niemand, der einen Bohrer gekauft hat, wollte tatsächlich einen Bohrer. Sie wollten ein Loch. Wenn Sie also Bohrer verkaufen wollen, sollten Sie für Informationen über das Herstellen von Löchern werben, nicht für Informationen über Bohrer.
- Perry Marshall

-Seien Sie sachkundig und geben Sie dem niedersten Instinkt des Kunden Recht, wenn es um seine Anforderungen geht. So wird ihnen klar, dass man weiß, was nötig ist.

Hier sind einige Tipps, wie Sie das erreichen können

1. Sei natürlich, sei nicht so aufdringlich.

2. Sei cool und lässig mit allen, sei nicht zu aufdringlich. Wenn ja, wirkt man verzweifelt, und das ist definitiv nicht die Eigenschaft eines erfolgreichen Führers.

3.Bringen Sie Ihrem Markt bei, wie man das Produkt verwendet und wie es seine Bedürfnisse befriedigen kann.

Wenn die Leute sehen, dass ein Produkt für sie nützlich sein wird, werden sie es von Ihnen kaufen und Sie als den Marktführer in diesem Bereich betrachten.

4. Seien Sie innovativ und dynamisch. Nehmen Sie Ihre Methoden online; das ist es, was das Marketing des 21. Jahrhunderts ausmacht.
Lerne weiter.

5. Verwenden Sie anspruchsvolle Prospektionswerkzeuge. Wenn Leute sehen, dass Sie sie auf eine neumodische Art und Weise entdeckt haben, werden sie Ihnen und Ihrem Unternehmen gegenüber respektvoller sein.
Zieh dich immer wie ein Anführer an.

Kapitel 9:

Interessante New-Age-Produkte

Zusammenfassung

Hier sind einige Produkte, die im aktuellen Szenario nützlich werden.

Interessante New-Age-Produkte

Solange Sie sowieso billige Info-Produkte anbieten, können Sie auch ein paar Produkte einbeziehen, die Ihnen ein wenig mehr Geld am Backend einbringen. Sie können nicht die Weiterverkaufsrechte an allem erwerben, aber Sie können oft ein Partner werden, was bedeutet, dass Sie das Recht haben, Links auf Ihrer Frontend-Seite anzuzeigen, als ob die Artikel Teil Ihres Shops wären. Ihre Besucher werden einfach an einen anderen Ort gebracht, um die Transaktion abzuschließen - und Sie erhalten eine Provision. Stellen Sie einfach sicher, dass es sich automatisch in einem neuen Fenster oder Tab öffnet, anstatt den Besucher komplett aus Ihrer Seite herauszunehmen, sonst verlieren Sie.

Drei Produkte sind Ihre Aufmerksamkeit wert. Der Renegade Network Marketer zum Beispiel wird Ihre zukünftigen Geschäftspartner darin schulen, wie sie ihren Zielmarkt erreichen können, was genau das ist, was Sie schon immer getan haben. Das ist definitiv eine Fähigkeit, die deine Downline haben soll. Klicken Sie auf "Affiliates", um sicherzustellen, dass Sie Ihre Provision für den Verkauf erhalten.

Ein weiteres gutes Produkt ist Magnetic Sponsoring. Diese Videos können Ihrer Downline helfen, ihre Arbeit aufzuladen.

Hören Sie, Sie wollen nicht Ihre Zeit oder die von jemand anderem verschwenden, also sind die Möglichkeiten, die mit der Bereitstellung dieser Art von Affiliate-Produkten verbunden sind, endlos. Sie können buchstäblich Geld mit einem Pre-Training-Programm verdienen, bevor jemand jemals Ihre Downline blockiert. Du vermeidest tote Downline-Mitglieder, die nichts anderes tun, als deine Organisation zu belasten, und du wirst immer noch Geld verdienen, egal ob sie ernst werden oder nicht. Was könnte besser sein?

Sie können schauen, um so viele dieser Produkte zu finden, wie Sie möchten, aber versuchen Sie, sicherzustellen, dass Sie sie lesen oder verwenden, bevor Sie sie empfehlen. Schließlich setzen Sie hier Ihren Namen und Ihren Ruf aufs Spiel. Wenn die Produkte nicht gut sind, tun Sie sich selbst keinen Gefallen, indem Sie sie aufstellen. Natürlich sind Sie kein Affiliate-Vermarkter, also wollen Sie nicht zu verrückt werden. Sie möchten, dass Geschäftspartner und nicht Menschen, die im ganzen Internet herumtoben, darüber lesen, wie Sie Ihr Geschäftspartner sind. Versuchen Sie, eine glückliche Mitte zu finden.

Kapitel 10:

Abschiedsgedanken

Zusammenfassung

Ich ziehe es auf. Eine Zusammenfassung von allem im eBook.

Abschiedsgedanken

Network-Marketing ist nicht weniger herausfordernd im 21. Jahrhundert als zuvor, aber das Beste daran ist, dass Sie jetzt über Tools verfügen, die Ihnen helfen können, die Dinge auf eine bessere Weise zu tun. Es ist sehr wichtig, dass du diese neuen Werkzeuge verwendest und dich weiterentwickelst, sonst bleibst du in der Brunft stecken und gehst nirgendwo hin.

Es ist sehr wichtig, dass Sie die richtigen Prospektionsmethoden anwenden. Wenn du nicht in der Lage bist, das zu tun, wirst du vielleicht verwirrt sein. Denken Sie daran, dass die Menschen da draußen hoch entwickelte neue Techniken anwenden, während wir sprechen. Daher ist es für Sie wichtig, einen Schritt voraus zu sein.

Abschließend sind hier einige der Dinge, die Sie im Hinterkopf behalten müssen, wenn Sie in einem Network Marketing Unternehmen sind, das auf das 21. Jahrhundert ausgerichtet ist.

Stellen Sie sicher, dass Sie immer auf dem Laufenden sind über alle Veränderungen, die um Sie herum stattfinden. Sie wollen nicht mit unzureichendem Wissen erwischt werden, das Sie auslöschen und Ihre Konkurrenten zum Erfolg führen könnte.

Treffen Sie die richtigen Entscheidungen. Dies beginnt bereits bei der Auswahl Ihres Unternehmens. Wählen Sie das richtige Unternehmen aus - eines, mit dem Sie sich wohlfühlen und dessen Vergütungspläne Sie vollständig verstehen.

Eine weitere Sache, die du sicherstellen musst, ist, dass du bei den richtigen Leuten bist. Sowohl Ihre Uplines als auch Ihre Downlines sind entscheidend für Ihren eigenen Erfolg. Die Upline führt Sie und die Downline führt Sie weiter. Die Auswahl eines Unternehmens mit einem guten Ruf ist oft ein Indikator dafür, dass die Menschen dort gut sind, aber es ist vielleicht kein bestätigender Faktor.

Erfahren Sie mehr über die verschiedenen Vergütungspläne, die es gibt. Im Gegensatz zu dem, was Sie denken, sind diese Vergütungspläne das, was Sie reich machen kann oder Sie davon abhält, das zu werden. Entscheiden Sie sich nicht für Frontlader-Unternehmen.

Informieren Sie sich über neue Techniken der Prospektion. Nutzen Sie alle Ressourcen des Internets. Die Aussichten von heute sind so.

Entwickeln Sie sich zu einem Leiter. Registrieren Sie sich bei Bedarf für Persönlichkeitsentwicklungsprogramme. Erfahren Sie, was die Kunden wirklich von Ihnen erwarten und geben Sie ihnen genau das.

Fazit

Dies war die neue Welle des Network-Marketings, etwas, das dringend benötigt wird, wenn man heute den Anschein von Erfolg haben will.

Verwenden Sie diese Techniken und sehen Sie, wie Ihr Unternehmen aufsteigt.

Alles Gute für dich!